JN408866

금박댕기

지성 · 감성의 메타언어
조선문학시인선 · 397

금박댕기

남 상 아 시집

조선문학사

■ 책머리에

시집 『금박댕기』를 묶으며

황반변성으로 인해
맘껏 읽을 수 없는
가을 하늘의 슬픔

댕기 묶은 것
이번이
마지막일지 몰라

그래도 할 수 있는 일은
시와 씨름 하는 것뿐인데…

시를 언어를 다루는
연금술이라 않던가
'금박댕기'도 그런 뜻

동료들과 가족에게도
깊은 감사드립니다

2014 初秋에
남 상 아

금박댕기 차례

제1부
시로 찍은 족적

제2부
꽃들의 반란

제3부
그곳에 가면

제4부
살아 있는 말

제5부
시집 평설

제1부

시로 찍은 족적

시(詩)는

시는
두꺼비 파리 잡아먹듯
시향(詩香)을 잡아먹는 귀신이다

시는 신사는 새것을 좋아하듯
창조물로만 진정한 생명이 보장된다

시는
열애하는 연인들이 사랑의 합을 이루듯
충돌과 갈등의 합을 이루는 야합이다

시는
속살까지 태워서
재가 되어 진주로 태어나는 새아기다

시(詩)와 시(時)

시향(時向)이 지루할 때면
친구삼아 시(詩)로 축지법을 쓴다

길 없이도 길이 되고
길이 되어
천리를 돌아오는
시간의 여행

어디쯤일까
천편의 시로 자리할 수 있는 곳

널부러진 시향(時向)의 조각들을 모아
시(詩)의 탑을 세워본다

시도(詩道) · 1

까까머리 5학년 때
방 걸레질 하다 본
몽당 빗자루같은
누런 개털빛 소설책 한권

바닷물에 온 몸이 빠지는지도 모르고
물고기 안고 노래 부르는
동화 속 소녀가 됐다

주인공으로 가슴을 쿵쾅거리며
변장하고 범인 잡느라
애간장을 태워
밤 사이
한 세상을 살아버린 애 늙은이

길을 걷다 보니
나이를 먹듯 시가 저절로 내게로 와서
세월속 것들이 다
시가 됐다

봄날의 연두빛 잎새처럼

시도(詩道) · 2

반란이다
지리산 반란군이 야음을 타
온 동네를 털어 가는 것 보다 더
엄청난 회오리바람이다

큰 언니는 시집가고
작은 언니와 오빠는 조부모님과 고향에 남고
11살 내가 불현간 맏이가 됐다

꽥~
기겁을 하게 내지르는
검은 철마의 비명에 홍급하여

동생들 모아 쳉이(키) 씌워주던
황당한 사회와의 첫 만남

꿈꾸었던 미지의 것들은
두렵기만 한
산 속의 호랑이였다

시도(詩道)・3

굴뚝도 아궁이도 없어
불 땔 일 없고
불 땔 일 없으니
입 봉하고 사는 그림자 사람들

객두로 낯설고 어색해도
미안해 숨도 못쉬는
이모님 집보다 속 편하다

세 채나 되던 고향 집
새겨볼 틈도 없이
폭풍우 속으로 빨려 들고 있는
우리 가족의 조각배

누구의 각본대로 조절되고
극본대로 연극해야 하는 우리들

내가 연출해야 할 역할은
무엇일까

시도(詩道) · 4

춘향이처럼 목이 빠져도 소식없는
이도령 같은 아버지의 취직

꿈도 못 꾸어본 내 일자리가
먼저 나왔다

11살 꼬맹이를
일을 가란 말도 가지 말란 말도
못 하시는 부모님

두꺼비로 넙죽 엎드린 수동식 기계는
유치환의 뭍처럼
까딱도 않고 나를 비웃었다

거기다 혼자 있다 날 보면
구세주로 따라 붙어 애 먹이는 막내

순이 엄마 술 찌꺼기 한 사발로
둘다 이태백이가 됐던 시절

시도(詩道) · 5

엄마는 언제 부턴가 내게
죄인인양 미안해 하신다

엄마! 나 야간학교 가고 싶은데
묵묵부답이신 부모님

철딱서니 없는 가시내가 했던
평생을 두고 후회했던 그 말

옷 사라고 주신 돈
삼촌께 부탁해
소월의 진달래꽃을 샀다

사모님이 그 형편에 웬 책이냐고
대추벌처럼 쏴 붙여도

내 노동으로 처음 산 시집
읽고 베끼고 외우고 낭송하고
칡뿌리처럼 씹을수록 단물이 났다

시도(詩道) · 6

월중 작업일수 열이레
비 오고 일감 없으면 공치는 날이다

공장도 수금 못해 어렵긴 매한가지
백곰표 한 포가 한 달 월급

하늘 아래 사람들 너나 없이
춥고 고달프던 60년대 긴 우기

옥중 춘향가를 자규가 피토하듯
한을 감아 풀어내시던 아버지의 지친 삶

아픈 부모님을 알아버린
너무 일찍 철이 들어 서러웠던 가시나

생존의 밧줄은 늘 나를 묶어 놓고
조롱하듯 웃어대도

서울아, 그래도 나는 간다
더 아픈 사연 자화상을 공감하며

시도(詩道) · 7

목화 따던 꽃분이도 단발을 하고
연지곤지 바르고 서울로 간다네
아아 희망의 서울

유행가 가사처럼 우리도 보따리 싸고 지고
삼등 열차에 구겨져 서울로 왔다

눈비 젖어 춥고 괴롭고 궁색했던 군산살이
막상 떠나려니 밀물 썰물로 마음이 묘하다

말(馬) 없이도 잘만 가는 세월
어느새 3년 열다섯 몸도 조금은 커지고

서울아 또 한바탕 붙어보자
이기든 지든

시도(詩道) · 8

덜깬 새벽
눈꺼풀 걷어 올릴 쯤이면
허리를 차오르는 섬짓한 뱀대가리가
혓바닥을 내 두르는
찬물살의 냇가창에 당도한다

헉헉 깊은 숨을 깨물며
몸서리치던 얼음물도 되돌아오는 길은
흙과 땀을 씻어주던 시원한 폭포수

머리에선 불이 나고
등줄기엔 식은땀 줄줄

돈암동 장터는 천천국 만큼이나 먼데
울고 넘는 미아리 고개를 나도 울고 넘는다

내가 이 일을 그만 둔 뒤에도 엄마는
계속하고 계셨으니

시도(詩道) · 9

철이와 길이가 학교종이 그리워
맨발을 동동 구른다

철이는 다독여 일터로 보내고
길이는 학교로 산토끼되어 깡충깡충 뛰어갔다

두고두고 가슴친 일 중의 하나로 그때 철이까지
산토끼로 만들어 주지 못한 내 불찰의 한

나야 뒷방늙은이로 읽을 책만 있으면
학교같은 것 축구볼로 차 버릴 수 있지만

65세 노인들 90%가
노후 대책이 전무하다는 현실

우리 구남매 모두 그 10%에 해당되니
얼마나 고맙고 감사한 일인가

오빠 혼자 먼 길 떠난것 말고는
어머니 성실성을 유산받은 싱그러운 열매다

시도(詩道) · 10

무겁고 뜨거웠던 뙤약볕의 일상도 접고
백일기도의 효험으로 얻은 직장인데

육신을 짓누르던 고통의 무게가 느슨해설까
물귀신으로 끌어당기는 끝없이 몰려오는 상념의
구름떼

생사 갈등의 햄릿에 더하여
행치 못한 비애로 남은 자아의 용광로

이 갈등의 씨날줄이 천일 고개를 넘고서야
제 자리로 돌아 온 지독한 사춘기의 문경새재

내 법에는 앞으로 달리는 순환열차 외에
더 이상의 탈선은 금기다

시도(詩道) · 11

상념의 산맥을 끊으려고 직장을 옮겼다
소월의 떨어져 나가 앉은 산이 되어버린 나

직장 동료들의 충동에 장난처럼 시작한 펜팔
내 생의 구원이 되어 이사람을 만났다

의식주 근심 면한 우리집은 친정집이 되고
나는 또 집 없는 빈털터리 각설이

천복을 두 개나 가진 사주라니
사노라면 내게도 햇살 고운 날 오겠지 해도

너무 먼길 돌아 맘도 몸도 지친 탓인가
브레이크도 없이 달려도 시원찮을 판에

삼십육계 줄행랑이라도 쳐 버리고 싶은
삶

그러나 스스로의 약속을 지키기 위해
담쟁이 넝쿨처럼 곤두선 벽을 타고 전진이다

시도(詩道) · 12

집 지은 지 3년
호재와 악재는 일주문이라고?

특급 열차가 선로 이탈로 급정거
열이 40도 헉헉 무말랭이가 된 나

S대 병원 입원 검사 한달
병명이 무(無)다

무당은 손언년 할머니 때문이라고
내 딸이 길러준 공 살면서 갚으려 했는데

e대 병원 옮겨 수술결정
생사는 운명에 맡기고 수술실 입장

노란 셔츠 입은 말없는 그 사람이 음악은
사람과의 소통을 회복시켜준 기적의 시간

날카로운 안광의 신박사님
두 시간이면 수술 끝납니다

아파 아파 아픈걸 보니 또 산게로군
지옥도 빠꾸당한 나

시도(詩道) · 13

좋아 읽었던 책이 새끼를 쳐서
꿈의 탑을 세우려 빌었더니

잿더미가 되어 와르르 무너지는 탑
전화번호 하나 외울 수 없는 머리

하나님은 나를 무엇에 쓰려고
이리도 혹독한 담금질을 해대는걸까

너나없이 보따리 풀고 보면
앞서거니 뒷서거니 넘는 깔닥 고개

흔들리지 않고 피는 꽃 어디 있나요
어느 시인의 싯구를 음미하며 자위할까

시도(詩道) · 14

내가 잘 할 수 있을까
고민하다 입학한 중학교

교장 선생님의 콩나물시루의 비유는
고민이 희망으로 축복의 깃발을 휘날렸다

51세의 초로가 13살 소녀로 변신
기쁨과 보람의 행복지수는 100%

교내 백일장의 인연으로 시와의 만남은
유년의 꿈이 한 걸음 다가서는 걸까

시와의 동행 20년
이제 60년

끝이 없어 좋은 길
늘 함께 하여도 외롭고
외롭지 않은 길

시도(詩道) · 15

나는 상어다
애당초 부레가 없는 상어

맥주병이 되지 않으려고
백로처럼 밤낮없이 헤엄을 친다

꿈꿀 때도
밥 먹을 때도
잠잘 때도
출근시간 버스 속에서도

사는 것도 어렵지만
싹을 땅에 거꾸로 처박은 일은
더욱 어려워
사람들은 사는가 보다

폭포로 부서지면서도

감사하는 마음

목사님은
감사할 것 하나도 없는 세상에
감사 기도를 하라신다

원망과 설음뿐인 세상이라도
마음 아닌 입술이라도
감사 기도를 하라신다

피식 비웃는듯한 입술로
더듬더듬
하~나~님 감~사~합~니~다

웬일일까
역지사지로

모든 것이 감사함으로 다가오고
감사할 일이 이리도 많은 줄 몰랐다

마음 하나 바꾸니
닫혔던 문 활짝 열려
천지가 환하다

마음

볼 수도 없는 것이
보이지도 않는 것이

맬 수도 없는 것이
매이지도 않는 것이

무겁지도 않는 것이
가볍지도 않는 것이

해 같이 오직 하나
이 몸의 주인이라오

마음 길

법정의 타계와
김길태 성범죄로
가득 찬 TV

같은 물을 먹고도
우유와 독을 내뱉는
젖소와 독사처럼

한 하늘 아래
한 문화권 사람이
이리도 다를 수 있을까

천사와 악마
천당과 지옥

마음 따라 찍고 가는
발자국이 달라지는
인생 길 마음 길이 이러한 것을

신 인생론

너와 나의 기쁨을
너와 나의 슬픔을

서로에게 털어 놓고 나면
어느새 맛 좋은 비빔밥이 된다

전주비빔밥은
세계인이 선호하는
웰빙 음식

비빔밥 먹고
나라가 세계가 지구가
모두 건강하고 행복해져
서로 사랑하고 사는 사람들은

알록달록 총천연색으로
새 세상을 만들 거야

인생 · 1

쪽빛 하늘
가만히 들여다보노라면

온갖 시름
다 스러져 가고

눈 감고
푸우욱 잠겨 있노라면

문득 소스라치며
발 앞에 온
가을

인생 · 2

노년은 낡은 집
비바람에 약해

여기 고치면 저기 새고
저기 고치면 여기가 삐그덕

집은 낡아 허물어지는데
시집살이는 더 강해진다고
한 하시던 할머니

그 말씀의 의미를 이제야 안들
내 할 수 있는 일이 무어란 말인가

제2부

꽃들의 반란

꽃잎

피어날 때
낙법 연습이 예정된 연극

낙법 없이는
아무리 예쁜 꽃도
열매 맺지 못하는 법

너를 사랑함이 나를 사랑함이 되어
열매가 열리리니

떨어짐이 어찌
피어남만 못하다 하겠는가

옥매

몽글몽글 솜털이 매끄러운
영리한 귀염둥이 은비

쫑이 배스른 은비를
삼 갈라 병중에 기른
동글동글 굴러다니는 실 뭉치

잘 가서 살아야해
미안해 너를 못 데려가겠어
눈동자에 반지르르 흐르는 물기

화분에 하얗게 핀 옥매 속에서
팔딱팔딱 튀어 나오는 은비

이십 년이 지났는데도
너의 예쁜 자태는 예대로구나

목련

고운 꽃잎이다
펼치면 부채살이 되어
신열 식혀 주는

손 모으면 합장되어
기원으로 개화하는
하늘도 굽어 내려다보는
고운 꽃잎이다

하여 목련의 새 꽃말
봄의 심볼

봄의 상징으로 불러 본다

자목련

입술 꼭 다물고 얼굴 붉힌
아가씨이다가

붉은 웃음으로 부끄럼 대신한
아씨이다가

열두폭 치마로 감싸는
마님이다가

명주 수건 휘감아 달을 낚던
황진이다가

뚝 남강에 몸 내던진
논개이다가

백목련 · 2

탕탕
소리도 메아리도 없는
총탄음에
하얗게 날개 접고 떨어지는
백조

가지마다
깃털 접고 앉았다
철새 아닌
꿈으로 날아갔다
꿈으로 돌아온
백조 떼가

한사코 떨어진다
떨어져 밟힌다
봄날의 낙화
목련으로

산수유

어머니 손가락 가득 끼워드리고 싶었던
금반지다

한 송이 한 송이 엮어
금팔찌 금목걸이 금발찌 귀걸이까지

금박 물린 소매끝동 동전 깃저고리 앞섶
선녀 날개옷 한복 한 벌 못해드린 불효

봄이면 눈물방울로 피어
대롱대롱 청홍보석 하늘 한 바구니래도
이제는 모두 다 소용 없다네

지리산 철쭉제

춤추듯 흔들리는 관광버스를 타고
서둘러 축지법 써 찾아간 철쭉제는
오월의 작약만큼이나 화사했다

높고 낮은 산자락마다 연지곤지 찍어 바르고
요염으로 넋을 묶인 자연산 미인들의 축제

구경 못한 한풀이라도 하듯
인산인해로 넘치는 산촌의 인꽃들

꽃이 사람인지
사람이 꽃인지 분간할 수 없는
아마도 이를 선경이라 이름하지 않을지

왕벚꽃 피면

꽃그늘에 앉으면
화문석 방석이 되어 주는
추억

꽃 속에 찰칵 찍힌 얼굴들
왕벚꽃 웃음잔치로 피는데

꽃도 지기 전 떠나간
친구들 하나 둘 셋 넷

왕벚꽃 피면
생각도 따라 미리내 끝으로
여행을 간다

북해도 무궁화

해를 가리고 섰는
삿뽀로 고층 그늘아래

진보라빛 단아한 입술
빨갛게 웃고 서 있는
두 그루의 무궁화 꽃

타국에서 어머님을 뵌 듯
반가움과 설움의 속울음이
봇물로 울렁거렸다

잊어버리고 사는
조국의 얼굴 무궁화

그 진한 사랑의 향 품은
삿뽀로의 그 분은 누구실까

신종 부용꽃

미인박명이라 했던가

피었다 지는
단 하루의 행복

피다 말다
지다 말다

그런 생애는 싫어

부채춤 화관머리 하고
하루가 딱 좋아
그렇게 피었다
진다

신종 부용꽃

상사초

얼마쯤
그리움 피워 올리면
저리 보랏빛으로 채색될까

마디 없이
긴 목
꿈으로 밀어 올린

따로따로 핀
꽃과 잎

상사로 몸 섞은
꽃 부케

으아리꽃

깃발로 서지도 못하고
가녀린 덩굴 허리로
발발 기어서
학수고대 피워낸
아들 딸 아홉송이

보고 보고 또 봐도
천상의 나비 떼

으아
환호 속에 핀

우리 어머니 이름은
으아리꽃

천사나팔꽃

천사들의 순금 나팔 소리는
쏟아져 내리는 나이아가라 폭포다

사월 초파일 고해 행렬 연등으로
불 밝히는 사반의 더러운 얼룩
연잎으로 헹궈내는 방향

영혼에 감겼던 불심
태엽 풀리듯 풀리며
가슴 가득 메아리로 되감기는 합창 소리

우주 끝까지
울려 퍼져라
천사들의 나팔소리

쑥꽃

아무도 꽃이라 부르지 않고
그냥 쑥이라 불러도
청자빛 하늘 마시며
저절로
피어오르는 청순의 향수

숫처녀 가슴 싸매듯
꼭꼭 묶어도 설레이듯
저절로
방향(芳香)으로 번지는
순도 100%의 자연산 향

은은하게 젖은 달빛 내음 닮은
그리운
어머니 몸 내음

공작선인장

질끈질끈
모질게도
앙가슴 졸라매고

간당
간당
끊어질듯
가녀린 허리

시인이란 이름만큼이나
힘겨운 화관

받쳐
들고
서 있는
공작선인장

황국

가을 햇살
끼얹어 감은 머리
빡빡 파마로 지져 볶았다

황금 무게
가누기 힘든 머리로 가누고 선
어머니의 잉여 세월

황국 피면
가버린 아련한 날들
어머니의 세월을 불러 본다

꽃 속에

하늘이 뻥튀기 하듯 흰 눈송이를 퍼붓던 날
서초동 꽃동네 비닐하우스 속에는
온갖 꽃나무가 만삭인 몸을 풀어 불꽃놀이 폭죽이
네요

나비 날개로 날아오른 신비디움 온시디움
장미 아가씨로 변장한 겹동백 아가씨
덕적도 은하수를 한 지게 쏟아버린 철쭉더미..

꽃 속에 어머니 얼굴이 꽃으로 웃고 있어요
그 진한 살 내음이 꽃향기보다
숨막히네요

꽃이 피는 곳은 눈 속에서도 따스해요
웃음꽃 속에는 어머니 향기가 묻어나요
하늘 땅 갈라져 있어도

꽃들의 반란

속도위반이라나
뭐라나
꽃들의 반란을 두고 하는 말이다

허긴
세상이 요지경인데
자연이라고 순리만을 좇겠는가

무위의 법도도 세상 따라
도를 달리 하는 시대
어찌 꽃들의 개화인들
순리만을 바라겠는가

반란 내란 혼란
삼란의 난세인 것을

제3부

그곳에 가면

그곳에 가면 · 1

그곳에 가면
누구나 새가 된다

아직 날지 못하는 이들이
날아오르고 싶은 욕망으로
파닥거리는 날갯짓

해질 무렵
하늘 가득 날아올라 꿈의 그림을 그리는
가창 오리떼

자기들이 기적을 낳아
신비로운 꿈의 역사를
쓰는 줄도 모르면서
오늘도
황홀한 날갯짓의 축제

그곳에 가면
군무를 출 줄 아는
멋스런 새가 된다

그곳에 가면 · 2

그곳에 가면
벼락 맞은 듯 번쩍 정신이 든다

그곳에 가면
고인물의 이끼가 부끄러워 운다

그곳에 가면
팔만대장경 받쳐 인 청송들의
염원 쌓는 탑돌이의
발자국 찍는 소리

발자국 찍어
벽을 기어오르는 담쟁이들의
재 넘는 풍광이
아프도록 눈부시다

멱목산

철철이 물색옷 갈아입고
손잡아 반기시는 어머니

맘으론 언제든 오갈 수 있건만
삶살이 발목 잡혀 못 가 뵌 어머니

가보면 이리도 지척인 것을
만화방초 우거져 못 왔던 걸까

살다 보니 또 구만리
못 가고 안 가는 남산

이제는 가보고 싶어도
안 계시는 어머니

수덕사

고희 고개 넘었다고
한 번 품은 꽃 가슴
세월이 옥양목으로 바랜들
깊숙이 자리한 심장 같은
장중한 쇠북 소리 지울 수 있으랴

전각마다 색동저고리 차려입고
새 색시인 듯
수줍게 자르르 끌리는 긴 치맛자락
층층 솟을 대문 열녀의 절개로 높아라
너나 없이 이름석자 모두 달라도
가슴속 품은 해님은 오직 하나
님은 가고 없어도
노을이 손인 양 찾아 드는 수덕사

진부령 황태구이 집

돌아 돌아 굽이굽이
속초로 가는 길

진부령 고갯마루 황태구이 집
때 늦게 당도하면
담백 촉촉 달콤 매콤 고소한
황태구이 점심

아삭아삭 쌈지 고추
달작지근 치마 고추
그 맛 못 잊어

가을엔 고추씨 받아 준다고
또 오라고 또 간다고 약속해 놓고

강산이 세 번이나 변하도록
못 가는 가슴으로 지니고 사는
진부령 황태구이 집

봉화산 약수

중년부인답게
푸짐하고 포근한 약수산

콧대도 높낮이 없이 펑퍼짐해
오르내리기 시이소로 명품산

왼종일 풀방구리 쥐 드나들듯
발자국소리 찍고 오가던
꿀물 퍼 담던 용궁터

병난 약수 끙끙 앓아도
관상을 보는지 점을 치는지
현대의학도 손 놓고 앉아

해와 달만 문병 오가는
밤이면 혼자 우는 독거노인

당산리 집에서

장맛비 재룹대로 묶어 세우던 날
물바다가 된 동네 어귀

출렁출렁 바닷물이
초가 한 채를 소몰이 한다

사람 살려!
사람 살려!

처절한 외침도 흙탕물 소리에
묻혀 버리고

어디 갔을까 모두
여섯 살 가시내만 혼자 두고

아무도 보지도 구하지도
못하고

외침 소리로
사라져 갔다

신문에도 TV에도 없이
묻혀버린 생명 하나

영가의 집

여기 저기 별난 굿판 벌려 놓고
노모의 팔을 잡아당긴다

한 때 투자 목적의 아파트 붐이듯
영가 집 짓기 열 올리는 신종 부동산

땅이 없어도 얼마든지 지을 수 있는
허공에 짓는 영가의 집

투기꾼보다 한 발 앞선
부처님 제자들 대박났네

화엄사 새벽 예불

찬 기운 시린 법당
술렁이는 촛불
번뜩이는 금불상
장삼 걸린 당승의 스님들
법당 대청마루 그득하다

산물 흐르는
우렁우렁
산사를 깨우는 법문소리

향연
실오리 피어오르는데
묵언
장삼 서걱이는 소리뿐

천년 두고
탑을 쌓고 허무는
섬돌 위
가지런한 흰 고무신

진부령을 넘을 때

길동무로 으레껏
비가 내렸지

이슬비도 소낙비도 아닌
연장마 장대비로 내렸지

우리야 비가 와도
동해로 가는 길

빗물이 유리창을 가려
오도가도 못 해도

흙탕물이 길을 덮쳐
가다서다 하여도

동해라 맑은 물 찾아 가는 길
마음 맞는 사람끼리 찾아 가는 길

비도 함께 가자고
억수로 내렸지

천지연 폭포

다리를 절룩인 채로
허공에 걸린 너

예나 지금이나
쉼 없이 흐르고

나도 너 마냥
간다
오늘도

바다로

땅끝에서

하늘 새로 솟아오를까
폭포수로 쏟아져 내릴까

물의 가슴 헤집고 누워
누에고치나 되고 말까

앞을 보니 푸른 바다
돌아보니 걸어온 길

날개!
날개로!

날아오르라
푸른 하늘을 향하여

제주도 말

서까래 기둥을 집 앞에
놔두고

하나 놔두면
잠깐 나갔다 온다는 말

둘 놔두면
사람이 있다는 말

셋 놔두면
주인이 없다는 말

넷 놔두면
나는 과수댁입니다

서까래 다섯이면
만국통용어 전매권자들 되겠네요

현무암

까실까실 거친 피부
구멍 숭숭 골다공증

검게 탄 숯덩이 가슴
더 타버릴 수 없어 빠져나가버린
갈잎의 몸무게

우리네 인생 풍경이 새겨져 있는
현무암

돌하르방

애시당초
속도 겉도 다 타버려 살이 붙지 않는
감기든 무마냥 뻥뻥 구멍 뚫린 현무암

임진년이라던가 병자년이라던가
번진 마마로
온 몸 속으로 무늬져 버린 곰보자국

피난으로 아들 손자 며느리 앞서 보내고
회오리바람 속에 홀로 남아

제주의 수호신이 된
돌하르방

제주 녹고물

어머니 약 구하려다
영암벽에서 떨어져 죽은 누이

열 이레를 울고 운 오빠 들의 눈물이
녹고물이 됐다는 전설의 샘

이제도 녹고물은
샘 솟고 솟아

나그네 마른 목 추겨주는 보시
달큼한 녹고물

제주 삼나무

구멍 숭숭 뚫린 현무암으로는
막을 수 없는 해풍
털 복숭이 꺽다리 아저씨
삼나무를 어깨동무로 스크랩짜고 바람막이로 서 있다

뿔난 바람이 갈기 세워 야생말떼로 달려들어도
가지 꺾어 채찍질로
말발굽 돌려 세운다

빗물이 회초리로 뺨을 때리고
찬물이 흥건히 속살 적시고
사계절 밤낮 흔들어 대도
정성이 하늘 닿는 수호신

비바람 눈비가
때리고 적시고 살을 에어도

하늘 바라기로 우뚝 서서
바람과 싸우기보다
바람을 안고
바람으로 서 있는

제주 삼나무

밀감나무

한때는 이 몸 하나에
온 식구의
생계를 매단 적이 있었지요

노란 금덩이 주렁주렁
돈나무 대학나무도 못되면서

현무암 돌담 쌓고
삼나무 병풍치고
금이야 옥이야도 했지요

이젠
이럴 수도 저럴 수도 없는
고생나무

노오란 네 옷 빛깔처럼
추억만 곱디고운
뒷방늙은이 밀감나무

베트남 여행 · 4

장례 문화

사(死)는
우리 문화와 같은 데

3년 후 또 화장하고 첫 묘 자리에
탑 세워 영원 보존하는 풍습

사람 키만한 알록달록한 탑들이
늙은 볼에 연지 바르듯 칠해져 서 있다

흉물스런 묘 대신
푸른 숲이면 비경일 걸

개조해서 다 좋다고 할 수는 없지만
이 역시 새마을운동감이다

베트남 · 5

단두대에 목 잘린 볏단 밑에
한 뼘이나 자란 파란 겨울 모판

일 년이면 삼모작
넓은 농경지 수만 개의 호수

용이 내려 왔다는 홍강의 하롱베이
3천 개의 해상 섬
세계 8대 비경인 하롱베이

진기 약한 알랑미 쌀국수를
고무줄 같이 질긴 전분과 배합하고
쫀득쫀득한 우리네 찹쌀로 반죽하면

세계적인 특산물 요리가
날개를 달지 누가 알아요

베트남 · 6

유리컵보다 맑은 홍강에 토해놓은
피부가 거칠고 까만 키 큰 하롱베이

태초의 아담과 이브가
푸른 잎사귀 몇 걸치고
맨발로 섰는 기암괴석 밑의 수중동굴

도깨비들이 밤새워
뻥튀기를 한 걸까
남해의 다도해가 쑥쑥 자라 대숲이다

대나무 껍질로 엮은 삼판배를 타고
나무늘보가 젓는
여인의 반달 쪽배

말은 통하지 않아도
속 마음이 오가는 하롱베이 여인

호주 · 2

천국의 뜰인듯
푸른 잔디 단장한
공원들

항구 마다엔
꿈꾸는 나폴리 신기 나르고

섬이면서
섬으로는 누릴 수 없는
대륙의 평화를 누리면서

양털 같은 바람
바람에서도 향이 피는

섬이면서
뭍인 호주

하이난도

동양의 하와이라는
처녀 휴양지 하이난도

모기 파리 산도 없는
파란 들의 평원에 서니

왜 대조영의 만주벌이
생각날까

개미 떼로 들끓는 사람
아파트 숲으로 일관된 도시

그림으로 여행지에서나
만나야 하는 만주벌

제4부

살아 있는 말

구례의 봄

매화 산수유 벚꽃이 펼치는
꽃잔치

섬진강 하동포구 광양만이
서울의 종로보다
인산인해다

꽃길 따라 달리던 버스는
우등차 무색하게
두 시간 여를 연착

봄 때문에
꽃 때문에
차 때문에
때문에란 푸념들이
꽃보다 더 붉게 터지는
구례의 봄

양수리의 봄

수려한 정자 그늘에 둥글게 둘러 앉아
수건돌리기 하듯 시(詩)잔을 돌리며

묵은지 갈비조림 향기로
주고받는 곱고 속 깊은 정

무너지는 나이일랑 잊어버리고
못다한 꿈 조각 좇아

두물머리 물살 따라
더 푸르고
더 넓고 깊게 노래 부르며

바다로 흘러가는
양수리의 봄

청계천 조팝나무

청계천 굽풀이 물살 따라
연미색 머리칼 날리며 서 있는
알맞게 자란 조팝나무

콘크리트 숲 뒤로하고 하얗게 웃음으로
향수 뿌리는 찔레 넝쿨

팔뚝보다 큰 검고 붉은 잉어떼
물살 가르며 살찐 몸놀림 즐기고

수양버들 가지 그늘삼아
넙죽 엎드린 돌부처 방석

위 아랫길이 차일치고 있어
빛과 그늘 양산삼아 걷는
조팝나무가 춤추며 서 있는
장수 길

매미

문풍지로 떨다
싹싹싹
빌고 가는

삼복을 구가하는
소프라노 독창회

긴 세월 기다림과
삶을 바라는

날개 비비고 간
예복의 신사

허수아비

작대기 두 개 묶어
십자가 세워 놓고
웃옷 하나 걸쳐 주고
아랫바지는 벗겨 놓은 채
밀짚모자 삐뚤 씌워
물 논바닥에 세워 두고
양손 줄에 새끼줄 묶어
줄줄이 깡통 달아
쨍그랑 딸랑딸랑
훗-여
훗-여
새야 훗여

거울에 비친
내 모습 아니여

가을

오고 가는 것이 어찌 철새뿐이랴
웃고 울며 보내는 것이 어찌
사람이나 인생뿐이랴

만물이 무시로 피고지니
오가는 것이 계절의 물레방아

네가 가는 날엔 내 손사래 쳐 주고
내가 가는 날엔 누가 손수건 흔들어 주나

길섶에 서 있는 갈대 있어
매양 이별을 흔들어 주니

덜 쓸쓸할까
더 쓸쓸할까

낙엽 · 16

탯줄에서
툭
떨어져
우주를
싸도는
미아

단풍

간 밤 내린 무서리에
얼음 아닌
불씨가 들어 있었나 보다

잎잎이 벌겋게
화상을 입었구나

차가움이 어찌하여
뜨거움으로 번지는
알 수 없어라
자연의 법도를

알아서 무엇하랴
잎잎마다 가을의 사연 담아
말해 주고 있는 것을

산은

산은
하늘을 떠받치고 있는 땅의 주춧돌

산은
계절 따라 채널이 바뀌는 풍경화

산은
옛 바다의 용궁이 세웠던 삼각기둥

산은
공자를 따르고 싶은 장자의 수천만 사닥다리

시작과 끝

너와 내가 만난 것이
시작이라면

너와 내가 헤어짐은
끝이겠구나

물레방아처럼
시작도 끝도 없이 맞물려
돌고 도는 순환열차 같은 계절

인생도 사랑도 자연도
시작과 끝이 맞물려 도는
순환의 질서가 아니던가

어느 하늘 구름 되어
다시 만날 수 있을까
시작과 끝으로

물과 불·2

불이 성나면 범보다 무섭고
물이 성나면 불보다 무섭지요

이 무서운 것들과 함께
살아야 하는 우리

물 불 잘못 다루면 복이 화되고
잘 다루면 화가 복이 되기도 한
사람 사는 이치를 배우며 살지요

의식주도 중요하지만
사람의 성품을 잘못 다스리면
물 불을 잘못 다스림과 같아서
화복을 자초하나니

사람 세상 사는 이치가
물 불 다스림과 같지 않던가

냉면과 국수

부끄러운 사람과 마주 앉아
명주실보다 질긴 냉면을 먹는다

쩔쩔 매는 나를 보고
자꾸만 웃고 있는 하마입

그날 첫 데이트를 했던
일등병은 어찌 됐을까

끊어지지 않는 냉면을 먹고도
국숫발처럼 뚝 끊어져 버린 두 인연

그때를 떠 올리면
미소 짓게 하는 한 소녀가 보인다

요술쟁이

산만한 사위도
공주과 딸내미도

엄나무이신 사장어르신도
무뚝뚝하신 외할아버지도

옴짝달싹 못하고
물로 허물어지는

배냇짓 미소
옹알옹알 옹알이

온갖 시름 다 녹이는
한 달짜리 손주

누렁이

지옥에서 탈출한
탈북자

목줄에 엉킨 검은 핏덩이
썩은 냄새 진동한 산송장

고깃덩이 입 밥
마취 총도 피해버린 겁보

서로 믿고 의지하는 마음이
생명줄이건만
바싹 인기척에도 삼십육계 줄행랑

생사 갈림길에 선
누렁이

이 시대의
자화상 아니던가

뻰데기

태어나
처음 먹어본
남의 살 한 점

맛은
고소한
깨소금 맛인데

목숨을
남의 살로 이어가야 할
슬픈 생명이라는
모순의 눈물방울

벽

넘으면 길이 되고
넘지 못하면 낭떠러지가 되는

수직 블록 담을
길을 내며 넘고 있는 담쟁이

오르고 또 오르면
어디쯤 높이에 가 닿을까

가 닿아
해와 달 별들의 노래
들을 수 있을까

길 삼아 벽을 넘으며
벽에 기대어 사는
수직행보 즐기는
담쟁이

가창 오리떼

푸른 바다 속
화려한 군무의 베도라치다

베트남 거리마다 곡예하듯
투구 쓴 용들의 질주하는 오토바이 물결이다

하늘 땅 바다에서
난무하는 생명들의 오케스트라 연주

폭죽 터지는 생명의 축제
가창 오리떼의 화려한 군무

※ 베도라치 : 농어목에 속하는 물고기.

우렁에미

검은 골 수렁 논이
악어 입으로 쩍쩍 벌어질 때

몸뿐인 우렁에미
제 살 파먹여
목숨 줄 건진 구남매

저마다 제짝 찾아
뿔뿔이 흩어져 가고

늙고 병든 몸만
덩그렇게 동굴로 남아

장맛비 억수로 퍼붓던 날
검붉은 흙탕물에
둥둥둥
바다로 떠내려 간
우렁에미

등반

지리산 삼각산 북악산 백운대
설악의 단풍까지

디스크 허리 신경통 다리 끌고
백 미터에 한 번씩
마침표 찍으며 오르는 등산객

남들 한 시간이면 오르는 봉우리
서너 시간 걸려서야 겨우 면담해도

희망이란 봉우리와의 해후는
설악의 벽도 마다하지 않으리

첫사랑

첫눈처럼
가슴 설레어

나가 보니
만져보기도 전에

이슬로 녹아내린
하얀 기억 속에

이름만 남을 뿐인
첫사랑

살아 있는 말

감사합니다
사랑합니다
고맙습니다
미안합니다

귀하게 쓰는 말인 줄도 모르고
입버릇처럼 쓰고 살았습니다

하나님 말씀 좇아
말씀으로 살면서
비로소 귀한 말인 줄 알았습니다

말씀마다
꽃으로 피어나고
향기로 퍼져 꽃밭이 되는
그런 행복한 날을 꿈꾸고 삽니다

바다와 나

바람이 아니라도
너와 나는 늘 흔들렸지

푸른 산의 치맛자락만 보아도
파도로 자꾸만 흔들렸지

너와 나는
산인양 기둥인양 바위인양
굳게 서고 싶었지만

산들바람에도
쿵쾅거리는 심장의 발자국소리

보릿고개
사랑고개를 넘고서야
그것이 너와 나의 숨결임을 알았다

그의 첫 시집

제 몸 하나 제대로 못 가누는
1급 장애아 정혼소

말 한 마디 하려면
산을 들었다 놔야하고

또 말 한 마디 하려면
하늘로 도리질을 해야 하고

외출 한 번 하려면
온 가족이 호위병이 돼야 하는

장지 손가락 하나가 쓴
첫 시집 발간

온 얼굴에 그의 입이
하늘만 하네

하늘 땅

세상살이가
산봉우리와 골짜기로
양극을 이루니

잘난 사람 못난 사람
너 따로 나 따로

아무리 소리쳐도
못 알아듣는 방언뿐

허나
봉우리나 골짜기나
하늘이나 땅이나
한데 붙은 한 몸

네가 살아야 내가 살고
내가 살아야 네가 사는 진리

현대인의 초상

노래방에 가서도
마이크 한 번 잡으면
실크로드 아랍까지 신나게
달리는 사람들

길을 걸으면서도
묵은 보따리까지 풀어제쳐놓고
폐품까지 쏟아 놓는 전화광

남과 대화 하면서도
자기 얘기만 언성을 높여
손짓 발짓 지방방송까지 독점하는

허탈한 현대인들의
무엇이고 싶고
무엇이여야 하는
존재 확인의 몸부림 같은

정릉

북악과 도봉
두 영봉 원경으로 병풍 둘러친
한 폭 그림 속을

도심의 개미떼
찾아 왔다 돌아가면

북적대던 정릉의
하루를 마무리한

하루치의
파장터

산천 보세

치렁치렁 반지르르 윤기 나는 긴 머리채
어깨보삼아 파도로 출렁이고
비싸리나무 허리춤에 걸친
주름치마 자락 비비추 같은 너
미루나무 꼭대기까지 말아 올린 둥지머리
간당간당 뽑아 올린 삐삐꽃 모가지
세 잎 붉은 핏빛 꽃잎
약지에 낀 반지꽃 쓰다듬으며
먼 하늘가 풋보리 내음 같은
향수이듯 싱그러운 찔레향 묻어오면
발돋움으로 달려가고픈
연변 풋각시

행복 찾기

가뭄 날
몸 비비 꼬며
갈증으로 목 타는 연록 잎

링거 같은 수돗물이라도
밭고랑에 꽂았더니

입 벌린 쥐구멍
땅굴 좋은 땅강아지
틈새 틈새
실핏줄 터져 돌틈 새로 직행
땡볕 댐 공사로 비지 땀

파랗게 생기 도는 텃밭
마음도 함께 파랗고
행복이 별건가요?
네가 사는 게 내 행복이지

희망 경로당에 가면

하늘나라에 가신 그리운 분들을
다 만날 수 있다

나도 팔딱 팔딱 소녀가 되어
팔랑 팔랑 춤도 추고
노래 부르는 인기스타가 되어
한바탕 잔치다

언제 도통하신 걸까
고스톱 도사가 된 할머니들

세월을 꽃 그림으로 수놓는
시청각 예술인

백 원짜리 놓고도 아웅다웅 하는 걸 보면
산수에도 풋기가 도는

동백잎 같은
영락없는 열여섯 가시내들이다

달집

정월 대보름이면 산밭가 논 가운데
낟가리로 큰 달집을 짓는다

온 동네 사람들 어깨춤 추며
소나무 대나무 지붕 날개로 엮어
달보다 둥그런 달집을 짓는다

둥둥둥 사물놀이 강강술래 모둠발 뛰면
생나무 제 올리는 동동주 향촉으로
어느새 붉어져 웃는 보름달

키 높은 가지마다 소원을 빌고
묵은 근심 둘둘 말아 활활 불 춤추면

추억만 붉게 붉게
노을로 타는 정월 대보름

별·2

신종플루에 걸려 신음하는
지구

온갖 병균 창궐하여
종합병원으로
헐떡거리는 우주선

순한 것들은 어느새 사라져 가고
악하고 독한 것들만 남아
독을 분수로 뿜고 있는 악귀

사람이 초심을 읽어야
새벽별이 빛날텐데요

잠과 땡감

길쌈 삼던 옛 아낙들
허벅지 문질러 삼을 삼다가
하품 나팔 절로 불어지면

담장가 독 푸른 땡감 따다
삼 가른 뭉텅칼로 뚝 잘라
한 입 가득 베어 물면

앗따 그 맛 명약일세
혀는 빳빳 주리 틀고
앙가슴 팍팍 숨 막혀
오던 잠도 쫓겨가고

어미소 여물 삭이듯
되삭이고 되삭이면
떫은 땡감 맛도
단물이 우러나오는

질팍한 우리네 삶이
땡감 삭이는 맛 아니던가

책

가까이 할수록 우러를 스승을 얻고

믿고 따르면 지혜로운 친구를 얻고

함께 할수록 멋스런 애인을 사귀고

사랑할수록 아인슈타인이 되는 방책

내리사랑 치사랑

60년대 긴 가뭄에도
퍼내도 퍼내도 솟는 샘술이
어머니 가슴엔 있었나 봐요

당산 마을 정자 나무 같이
두세 살 터울의 구남매 길러 내시고

진사댁 부럽잖은
대가도 이루셨건만

돌아서 가신 길은
서릿발 외로움이셨으니

늘 때늦은 후회
불효라는 사랑의 슬픔

손언년 할머니

가시몸에 소복단장으로
찾아오신 할머니

열흘을 몸져 누워
죽으로 연명 하셨다

주리신게야 보리밥에 상추쌈이면
보약이라 드셨는데

신이 업고 겅중겅중 다니시던 날개 접고
진종일 일손 거들며 시어미닌양 사셨다

나의 병사로 떠나 양로원에서의 해후
신이와 할머니 온 식구가 울었다

일 년이면 두서너 달씩 친정처럼
살다 가시것만

늘 함께만 살고 싶은 그 소원
가시로 남은 손언년 할머니

해탈한 흰 돌

백담사 설악의 돌들은
왜 흰 옷을 입었을까

구곡간장(九曲肝腸) 소(沼)마다
스님들의 염불소리로
씻고 닦여서 하얘진 걸까

구룡의 소금강 십자소 물로 밥을 지어
식당암을 차렸건만 뜻을 잃은
마의태자의 한이 서리로 내려서일까

개성의 박연 설악의 대승 오대산 구룡폭포가
한세기 내내 하얀 그리움으로 바래져
이차돈의 백혈(白血)로 흘러서일까

새 사돈댁 해우소

큰언니 신행길
할아버지와 간난이 따라나선 철부지

또래들과 어울려 숨바꼭질 줄넘기 정신없다
다급해 뛰어오른 새 사돈댁 통쇠

곰같이 까만 주둥이가 빽빽
대가리 내두르며 엉덩일 물어 버릴것 같아서

큰일보다 싸 걸머지고 뛰어나갈 수도
이럴 수도 저럴 수도 없어 엉거주춤

현대시만큼이나 난해 했던
내 인생의 전주곡이었던 것을

제주 민속촌까지 쫓아와
씁쓸히 웃음 짓게 하는
새 사돈댁 해우소

제5부

시집 평설

■ 시집 평설

견고한 시정신 시법으로 형상화

박진환
(시인 • 문학평론가)

1. 전제

댕기 묶은 것
이번이
마지막일지 몰라

그래도 할 수 있는 일은
시와 씨름하는 것 뿐인데…

예시는 남상아 시인이 시집 『금박댕기』를 묶으면서 책머리에 얹은 시의 일부다. 이 예시에서 간과할 수 없는 것은 '시와 씨름하는 것 뿐'이라는 진술이다. 시와의 씨름은 승부를 가리기 위한 게임이 아니라 시와의 힘겨루기쯤이 된다. 그리고 힘겨루기는 시에 전력투구 한다는 것쯤으로 받아들일 수 있을 것 같다. 전려투구는 온 힘을 다해 시 창작에 매진한다는 뜻으로, 좋은 시를 쓰고 얻기 위한 필사의 노력쯤으로 이해할 수 있을 것으로 여겨진다.

이러한 시에의 의지지향 말고도 시를 말해주는 '시는/속살까지 태워서/재가 되어 진주로 태어나는 새 아기'라고 진술한 「시는」 이란 시는 시의 포태와 분만을 읽게 해주는 시인의 체험적 진술이라고 할 수 있다. 시를 포태와 분만으로 본 것은 릴케이지만 남상아 시인의 시적 체험도 다르지 않은 것으로 여겨진다.

시인이 시에 접한 것은 60년대쯤으로 짐작된다. '옷 사라고 주신 돈/삼촌께 부탁해/소월의 진달래꽃'을 샀고, 이 시집을 '읽고 베끼고 외우고 낭송하고/칡뿌리처럼 씹을수록 단물이 난다'고 한 피력을 통해 반추와 되새김질을 통해 시도(詩道)를 닦았던 것으로 미루어 짐작해 볼 수 있게 해준다.

시를 주제로 한 시는 「시는」, 「시(詩)와 시(時)」 말고도 연작형태로 쓴 「시도(詩道)」 시편이 15편에 달한다. 이 시편들은 시로 쓴 자전적 시적 행보를 보여주고 있는데, 그 중 시의 궤적을 고스란히 읽게 해주고 있는 한 편의 시를 제시해 본다.

내가 잘 할 수 있을까
고민하다 입학한 중학교

교장 선생님의 콩나물시루의 비유는
고민이 희망으로 축복의 깃발을 휘날렸다

51세의 초로가 13살 소녀로 변신
기쁨과 보람의 행복지수는 100%

교내 백일장의 인연으로 시와의 만남은
유년의 꿈이 한 걸음 다가서는 걸까

시와의 동행 20년
이제 60년

끝이 없어 좋은 길
늘 함께 하여도 외롭고
외롭지 않은 길

예시는 「시도·14」의 전문이거니와 남상아 시인이 걸어온 시적 발자취를 고스란히 보여준다고 할 수 있다. '시와의 동행 20년'과 '이제는 60년'이라는 평생 헛발질 없이 직행한 시도의 족적을 고스란히 볼 수 있게 한다. 그리고 걸어온 시도는 '끝이 없어 좋은 길/늘 함께 하여도 외롭고/외롭지 않는 길'로 필생의 도정으로 그려져 있다.

이러한 전제는 한 시인의 시를 이해하는데 도움이 될 수 있다. 그것은 전기적 해석이 아니라 시인의 시적 체험을 통해 시를 이해할 수 있게 하고 통로를 제공해주기 때문이다. 이쯤에서 시로 돌아가 보기로 한다.

시집 『금박댕기』 읽기

시집 『금박댕기』 에는 4부에 나누어 110여 편의 시가 수록되어 있다. 제1부에는 15편의 「시도」 시편과 함께 「마음」 과 「마음의 길」 이란 시가 주목을 끌고 있다. 그것은 '마음'이나 '마음의 길'을 통해 시인이 가고자 하는 길과 그 길을 동행하는 시의 에스프리까지를 함께 읽게 해주고 있기 때문이다.

두 편의 시를 함께 제시해 본다.

가) 볼 수도 없는 것이
보이지도 않는 것이

매 수도 없는 것이
매이지도 않는 것이

무겁지도 않는 것이
가볍지도 않는 것이

해 같이 오직 하나
이 몸의 주인이라오

나) 법정의 타계와
김길태 성범죄로
가득 찬 TV

같은 물을 먹고도
우유와 독을 내뱉는
젖소와 독사처럼

한 하늘 아래
한 문화권 사람이
이리도 다를 수 있을까

천사와 악마
천당과 지옥

마음 따라 찍고 가는

발자국이 달라지는
인생 길 마음 길이 이러한 것을

예시 가)는 「마음」, 나)는 「마음의 길」의 각각 전문이다. 예시 가)에서의 '볼 수도 없는 것'과 '보이지도 않는 것'은 보고, 볼 수 없음을 넘어선 육안으로는 볼 수 없는, 심안만이 볼 수 있는 대상 파악이다. '맬 수도 없는 것'과 '매이지도 않는 것'도 같은 맥락성을 지닌다. '매고', '매이지도 않'음을 넘어선 곳에서 파악될 수 있는 형이상적 대상이 그러하고, '무겁지도 않은 것'과 '가볍지도 않는 것' 또한 무게로는 계량할 수 없는, 무게를 넘어섰을 때만이 계량될 수 있는 역시 정신적이고 내면적인 상반성 값어치의 파악이다.

이를 달리 표현하면 그 실체도, 실체와의 연계성도, 혹은 중량도 '마음'에 의해 보고, 풀고, 계량할 수 있다는 등식을 성립시킨다. 일테면 형이상적 인식이거나 파악이다. 이는 남상아 시인이 사물의 외양만이 아닌 정신적이고 내면적 시각으로 사물 뒤의 비의까지를 파악하고 있다는 증거가 된다.

예시 나)는 이를 더 극명히 해주고 있다. 그것은 형이상적 파악이나 인식에 의해서만이 양극화를 성립시키고 이러한 양극화에 의해 형이상시는 탄생되기 때문이다. 시에서 '젖소'와 '독사', '천사와 악마', '천당과 지옥'의 악마적 이미지와 묵시적 이미지의 양극화는 분명, 형이상시를 대표하는 시법으로 제시될 수 있는 것들이다.

이쯤에서 시집 『금박댕기』의 시적 정체는 그 모습을 드러내기 시작한다. 그것은 남상아 시인이 형이상시의 시법에 충실하고자 한다는 점과 함께 이를 자신의 시에 실천하고 있다는 것을 수록 시편들이 보여주고 있기 때문이다. 시를 제시, 구체화했을 때 그 양태는 극명해질 것으로 본다.

2. 시에 나타난 형이상 시법의 여러 양태

수록 시에 나타난 형이상 시법의 양태는 첫째 양극화이고, 다음은 양극화를 합일시켜 대립과 갈등의 이질성을 시의 새로운 질서로 이끌어내는 컨시트의 역할이다.

먼저 양극화의 시편부터 제시해 보기로 한다.

가) 간 밤 내린 무서리에
얼음 아닌
불씨가 들어 있었나 보다

잎잎이 벌겋게
화상을 입었구나

차가움이 어찌하여
뜨거움으로 번지는
알 수 없어라
자연의 법도를

알아서 무엇하랴
잎잎마다 가을의 사연 담아
말해 주고 있는 것을

나) 부끄러운 사람과 마주 앉아
명주실보다 질긴 냉면을 먹는다

쩔쩔 매는 나를 보고
자꾸만 웃고 있는 하마입

그날 첫 데이트를 했던
일등병은 어찌 됐을까

끊어지지 않는 냉면을 먹고도
국숫발처럼 뚝 끊어져 버린 두 인연

그때를 떠 올리면

미소 짓게 하는 한 소녀가 보인다

다) 넘으면 길이 되고
넘지 못하면 낭떠러지가 되는

수직 블록 담을
길을 내며 넘고 있는 담쟁이

오르고 또 오르면
어디쯤 높이에 가 닿을까

가 닿아
해와 달 별들의 노래
들을 수 있을까

길 삼아 벽을 넘으며
벽에 기대어 사는
수직행보 즐기는
담쟁이

예시 가)는 「단풍」, 나)는 「냉면과 국수」, 다)는 「벽」의 각각 전문이다.

예시 가)의 3연 '차가움이 어찌하여/뜨거움으로 번지는'이나 나)에서의 4연 '끊어지지 않는 냉면을 먹고도/국숫발처럼 뚝 끊어져버린 두 인연', 그리고 다)에서의 첫 연 '넘으면 길이 되고/넘지 못하면 낭떠러지가 되는'에서 읽을 수 있는 것은 양극화다.

주지하다시피 양극화는 서로 상반・상충의 이질적 대립이나 갈등을 조건으로 하고 있다. 그 때문에 언뜻 시의 질서에 역행한 듯이 보인다. 이 질서에의 역행을 새로운 시의 질서로 이끌어내는 상반・상충의 합일이 카타르시스를 체험하게 해주는 양극화로서 형이상시가 전매특허품으로 하고 있는 시법의 하나다.

상반・상충의 대립은 불안과 긴장을 야기시켜 팽팽한 긴장을 체험하게 한다. 그 때문에 긴장의 완화를 요구하게 되고 이 요구가 이루어졌을 때 쾌감을 맛보는 카타르시스를 체험하게 한다. 곧 시에 갈등을 촉발시켰다가 감동으로 해소함으로써 감동의 폭을 배가하려는 일종의 레토릭이다.

남상아 시인의 일련의 시편들이 구사하고 있는 양극화는 예시들이 보여준 셈이다.

다음으로 양극화의 합일을 이끌어내어 감동에 값하게 하는 재빠른 이동과 전환의 순발력으로서의 컨시트를 보기로 한다.

가) 까실까실 거친 피부

구멍 숭숭 골다공증

검게 탄 숯덩이 가슴
더 타버릴 수 없어 빠져나가버린
갈잎의 몸무게

우리네 인생 풍경이 새겨져 있는
현무암

나) 한때는 이 몸 하나에
온 식구의
생계를 매단 적이 있었지요

노란 금덩이 주렁주렁
돈나무 대학나무도 못되면서

현무암 돌담 쌓고
삼나무 병풍치고
금이야 옥이야도 했지요

이젠
이럴 수도 저럴 수도 없는

고생나무

노오란 네 옷 빛깔처럼
추억만 곱디고운
뒷방 늙은이 밀감나무

다) 산은
하늘을 떠받치고 있는 땅의 주춧돌

산은
계절 따라 채널이 바뀌는 풍경화

산은
옛 바다의 용궁이 세웠던 삼각기둥

산은
공자를 따르고 싶은 장자의 수천만 사닥다리

예시 가)는「현무암」, 나)는「밀감나무」, 다)는「산」의 각각 전문이다.

예시 가)에서의 '구멍이 숭숭 뚫린 골다공증'이나 '검게 탄 숯덩이 가슴', 나)에서의 '노란 금덩이 주렁주렁'이나, '이젠/이럴 수도 저럴 수도 없는/고생나무', '뒷방 늙은이 밀감나무', 그리고 다)에서의 '하늘을 떠받히고 있는 땅의 주춧돌', '계절 따라 채널이 바뀌는 풍경화', '옛 바다의 용궁이 세웠던 심각기둥', '공자를 따르고 싶은 장자의 수천만 사닥다리'는 컨시트의 산물이다.

주지하다시피 컨시트는 신기한 착상을 의미한다. 달리 지적하면 기발하고, 당돌하며 의외의 것을 이끌어내는 내면의 힘으로서의 능력, 곧 상상력과 위트의 상보적 관계가 합작해낸 특수한 장치다.

예시 가)에서 구멍이 숭숭 뚫린 현무암을 '골다공증'과 '검게 탄 숯덩이 가슴'으로 의인화를 통해 개조해낸 순발력으로서 전환은 위트의 산물이다. 예시 나)에서 노란 금덩이 주렁주렁한 '돈나무'나 '고생나무', '뒷방 늙은이 밀감나무'도 제주 귤나무를 변용해낸 상상력으로 재구성해낸 상상력의 산물이고, 예시 다)에서 산을 '주춧돌', '풍경화', '삼각기둥', '사닥다리'로 변용해낸 것도 순간의 포착을 이동, 전환시켜 재빠르게 이끌어낸 위트와 상상력의 상보적 산물이다.

이러한 낯설고, 의외적이고, 당돌한 변용의 솜씨는 컨시트에 의해서만 가능한 재발견의 산물들이다. 그 때문에 컨시트는 충격적인 착상만이 체험할 수 있게 하는 시에 광채를 더해주는 기발성이다. 남상아 시인이 스스로의 시에 실천하고 있는 양극화나 컨시트의 시법은 이 점에서 스스로의 시를 한 차원 이끌어 올리는데 기여하고 있다. 이쯤에서 결론을 제시해도 좋을 듯싶다.

3. 결어

시집『금박댕기』는「시도」시편이 보여주는 시적 몰입과 몰입만이 시의 광채로 발현시킬 수 있는 에스프리를 읽게 해 준다는 점을 1차적 성과로 지적할 수 있다고 본다.

그리고 다른 하나는 형이상 시법인 양극화와 컨시트를 적절히 원용, 착상의 기발성과 기발성만이 구사할 수 있는 이동과 전환의 재빠른 위트의 활용을 들 수 있는데, 이 두 가지가 이번 시집으로 거둔 남상아 시인의 시적 성과라고 할 수 있다.

금박댕기

2014년 10월 5일 인쇄
2014년 10월 15일 발행

지은이 / 남상아
발행인 / 박진환
펴낸곳 / 조선문학사
등록번호 / 1-2733
주소 / 120-853 서울 서대문구 통일로 389(홍제동)
대표전화 / 02-730-2255
팩스 / 02-723-9373

ISBN 978-89-98115-89-0

정가 10,000원

* 인지는 저자와 합의 하에 생략
* 잘못된 책은 서점에서 교환해 드립니다.